MW01706788

HIPPE MACARONS

LINDSAY COUTTEAU

HIPPE MACARONS

LINDSAY COUTTEAU

originele & unieke recepten

FOTOGRAFIE STEFANIE FAVEERE

LANNOO

VOORWOORD

HIPPE MACARONS - Macarons worden ook wel eens 'de moeilijkste koekjes om te maken' genoemd. Je vindt ze in alle kleuren en in vele verschillende smaken. Ik ben zelf verliefd geworden op deze mooie, maar vooral ook lekkere koekjes en die liefde wil ik graag met je delen. Want zeg nu zelf: wat is er leuker dan zelfgemaakte macarons aan vrienden en familie te kunnen serveren?

Ik wil je met dit boek stap voor stap helpen om deze zachte en elegante amandelkoekjes zelf te maken en we gaan zelfs nog een stapje verder... we gaan macarons versieren! Ik leer je hoe je creatief kunt zijn met macarons. Verder heb ik ook gezorgd voor een aantal lekkere en eenvoudig te bereiden vullingen. Dus niets houdt je nu nog tegen om aan de slag te gaan met macarons!

Lindsay xxx

Kitche
ARTISAN

INHOUD

DE BASIS

KIDS

FEEST

SEIZOENEN

WINTER

LENTE

ZOMER

HERFST

DIERTJES

HOOFDSTUK 01/

DE BASIS

HOOFDSTUK 01/

HET BASISRECEPT

WE BEGINNEN NATUURLIJK MET HET BASISRECEPT EN ALS JE DIT EENMAAL ONDER DE KNIE HEBT, KUN JE GAAN VARIËREN MET VERSCHILLENDE KLEUREN, SMAKEN EN VORMEN. MET HET BASISRECEPT KUN JE ONGEVEER 36 MACARONS BAKKEN VAN 3 CENTIMETER BREED, OF 18 MACARONS MET VULLING ERTUSSEN. WIL JE ER MEER BAKKEN, PAS DAN GEWOON DE HOEVEELHEDEN AAN.

69 g amandelpoeder
63 g bloemsuiker
53 g eiwit
53 g fijne kristalsuiker
bakplaat bekleed met bakpapier
spuitzak en spuitmondje van 1 cm

Doe het amandelpoeder en de bloemsuiker in de blender en mix tot je een fijn poeder krijgt. Let wel op dat je niet te lang mixt. Zeef dit fijne poeder nog eens in een kom en zet apart.

Neem een roestvrijstalen kom en veeg deze goed schoon met een beetje azijn. Doe er nu het eiwit in samen met de fijne kristalsuiker en klop eerst rustig los om vervolgens op de hoogste snelheid het eiwit mooi stijf te kloppen. Het eiwit moet echt goed dik zijn en mooi glanzen. Voeg er nu eventueel je kleurstof aan toe (zie de andere recepten) en klop nog eens goed door.

Giet er in één keer het suiker-amandelmengsel bij en meng eerst alles samen met een rubberen spatel. Als je ziet dat je suiker-

bloemsuiker
eiwit
suiker
amandelpoeder

amandelmengsel goed is opgenomen, maak dan wrijvende bewegingen van het midden naar de rand toe: trek als het ware het mengsel tegen de rand van de kom. Neem ook regelmatig de randen eens mee. Dit noemen we macaroneren. Je zult op een bepaald moment zien dat je mengsel begint te glanzen. Spatel wat beslag op en laat het terug in de kom vallen. Als het in linten naar beneden valt, dan is je mengsel genoeg gemengd.

Vul de spuitzak met het mengsel en spuit rondjes op het bakpapier.

Tik met de bakplaat eens goed op het werkvlak om de luchtbelletjes te verwijderen en om je macarons mooi glad te maken.

Laat ze nu zeker 20 minuten rusten. Ze mogen niet meer kleven als je ze aanraakt.

Verwarm intussen de oven voor op 140 °C.

Schuif de bakplaat in het midden van de oven en bak de macarons gedurende 15 minuten. Draai de bakplaat gerust eens halverwege de baktijd. De macarons zijn gaar als ze niet meer wiebelen op hun voetjes als je ze eventjes aanraakt.

Haal ze uit de oven en verwijder ze direct van de warme bakplaat, samen met het bakpapier. Plaats ze liefst op een koele ondergrond en laat ze goed afkoelen voor je ze van het bakpapier haalt.

Als je eenmaal de basistechniek onder de knie hebt, kun je volop gaan experimenteren met andere kleuren en smaken. Om de macarons een mooi kleurtje te geven, gebruik ik de gelkleurstoffen die tegenwoordig overal te verkrijgen zijn. Om de macaronschelp een smaakje te geven, gebruik ik natuurlijke smaakstoffen. Maar persoonlijk vind ik de vulling nog altijd het belangrijkste van de macaron. Je kunt je schelp een smaakje geven, maar dit is eigenlijk niet echt nodig, omdat je macaron toch al die lekkere amandelsmaak heeft. De kleur van de vulling op de foto's klopt niet altijd met de tekst, omdat ik graag m'n fantasie de vrije loop laat...

Hierna vind je alvast mijn favorieten. Bij deze macarons wordt er telkens uitgegaan van het basisrecept.

TIPS EN TRICKS

- Als je gaat bakken, begin dan altijd met alles zorgvuldig af te wegen. Een goede weegschaal is dan ook onmisbaar in je keuken.
- Als je het amandelpoeder en de bloemsuiker mixt, weeg dan een klein beetje meer amandelpoeder af (75 gram in plaats van 69 gram), want na het zeven zullen er altijd wat korreltjes amandelpoeder achterblijven. Je moet er dan voor zorgen dat je 132 gram broyage afweegt.
- Let erop dat je geen te vettig amandelpoeder koopt, want daardoor zullen je macarons mislukken. Een goede kwaliteit amandelpoeder is onmisbaar bij het maken van macarons.
- Gebruik steeds een roestvrijstalen kom die je eerst ontvet met een beetje azijn.
- Ik gebruik nooit gerijpt eiwit; je kunt wel je eiwit ongeveer 10 seconden in de microgolfoven (magnetron) zetten op ontdooifunctie.
- Gebruik altijd een rubberen spatel om te macaroneren.
- Spatel niet te lang, het is zeker niet de bedoeling dat je beslag uitloopt. Liever een iets steviger beslag dan een lopend beslag.
- Gelkleurstoffen geven een mooi resultaat. Ik gebruik nooit poederkleurstof omdat deze kleuren vervagen bij het bakken. Gebruik ook nooit vloeibare kleurstof, want dan wordt je beslag te lopend. Begin telkens met een druppeltje; wil je een intensere kleur, voeg dan gewoon een extra druppeltje toe.
- Ik vind het gemakkelijk om wegwerpspuitzakken te gebruiken. Je kunt ook van die doorzichtige puntzakken voor snoep gebruiken.
- Om de spuitzak te vullen, zet je deze gewoon in een hoog glas of een beker met de punt naar beneden. Dan vouw je de spuitzak over de rand en zo heb je beide handen vrij om de spuitzak te vullen.
- Om mooie rondjes te spuiten, gebruik je best een spuitmondje. Spuit eerst een beetje beslag in de hoekjes van de bakplaat, leg er het bakpapier op en strijk het mooi glad, zonder kreuken. Houd dan je spuitzak loodrecht en spuit rondjes. Als je telt tijdens het spuiten, zullen je macarons altijd dezelfde grootte hebben. Dus je spuit een rondje en je telt 1,2,3 en je stopt. Dit herhaal je steeds bij de volgende macarons.
- Je kunt eventueel ook met een glas rondjes tekenen op het bakpapier en vervolgens het beslag binnen de lijntjes spuiten.
- Macarons moeten sowieso eventjes de tijd krijgen om te rusten. Je kunt dit, als het vochtig weer is, gerust in je oven doen. Schuif de plaat in de oven op 50 °C en laat 5 minuten drogen. Haal ze eruit en laat de oven verder voorverwarmen tot 140 °C. Bak ze dan af tot ze gaar zijn of niet meer wiebelen op hun voetjes als je ze aanraakt.
- Houd er rekening mee dat iedere oven anders is; het is belangrijk om je eigen oven te leren kennen. Je mag gerust de bakplaat draaien halverwege de baktijd.
- Laat je macarons altijd goed afkoelen voordat je ze van het bakpapier haalt. Stop ze eventueel eventjes in de diepvriezer als je - net als ik - geen geduld hebt.
- Pel ook steeds je macarons voorzichtig van het bakpapier; dus niet zomaar lostrekken aan de bovenkant, maar mooi langs de zijkant beginnen.

Tip

Vervang de citroenzeste door limoenzeste en de gele kleurstof door groen, zo krijg je lekkere limoenmacarons.

CITROEN-MACARONS

DEZE FRISSE MACARONS ZIJN HEERLIJK IN DE ZOMER. ZEKER IN COMBINATIE MET DE CITROEN-MASCARPONEVULLING.

MACARONS: 1 x basisrecept - 1 theelepel geraspte schil (zeste) van een onbespoten citroen - gele kleurstof

VULLING: 138 g mascarpone (koud) - 75 à 100 g lemoncurd (zie recept Zonnetjes op p. 75) - 1 theelepel citroenzeste

MACARONS:

Cutter het amandelpoeder en de bloemsuiker samen fijn en zeef het daarna.

Klop het eiwit goed stevig op met de fijne kristalsuiker tot een mooie dikke glanzende massa. Klop er dan ook kort de gele kleurstof door.

Voeg het amandel-suikermengsel bij het opgeklopte eiwit en macaroneer (zie basisrecept). Vul de spuitzak en spuit rondjes op een bakplaat bekleed met bakpapier. Laat rusten en bak ze dan af in een voorverwarmde oven op 140 °C gedurende 15 minuten.

VULLING:

Klop de mascarpone samen met de lemoncurd en de zeste tot een glad mengsel. Houd je van die zurige citroensmaak, voeg dan 100 gram curd toe; heb je het liever iets minder zuur, voeg dan maar 75 gram toe.

Tip

Maak een lemoncurd en vervang de citroenzeste door limoenzeste.

Tip

Vervang de gevriesdroogde frambozen door gevriesdroogde aardbeien, zo krijg je lekkere aardbeimacarons.

Vervang in de vulling de frambozen door aardbeien.

FRAMBOZEN-MACARONS

IK BEN DOL OP DEZE MACARONS EN ZEKER IN COMBINATIE MET EEN BEETJE FRAMBOZENCONFITUUR ERTUSSEN. HEERLIJK MET EEN KOPJE THEE!

MACARONS: 1 x basisrecept - 4 gevriesdroogde frambozen (deze vind je in de Special K cornflakes met rode vruchten) - roze kleurstof

VULLING: 113 g fijne suiker - 1 theelepel pectine - 188 g frambozen (vers of diepvries) - sap van ¼ citroen

MACARONS:

Cutter het amandelpoeder en de bloemsuiker samen met de gevriesdroogde frambozen fijn en zeef het daarna.

Klop het eiwit goed stevig op met de fijne kristalsuiker tot een mooie dikke glanzende massa. Klop er dan ook kort de roze kleurstof door.

Voeg het amandel-suikermengsel bij het opgeklopte eiwit en macaroneer (zie basisrecept).

Vul de spuitzak en spuit rondjes op een bakplaat bekleed met bakpapier. Laat rusten en bak ze dan af in een voorverwarmde oven op 140 °C gedurende 15 minuten.

VULLING:

Meng de suiker met de pectine in een kom.

Pureer de frambozen en giet de gezeefde puree in een steelpannetje. Laat zachtjes opwarmen en voeg het suiker-pectinemengsel en het citroensap toe. Breng dit samen aan de kook en laat eventjes doorkoken.

Giet de confituur in een potje en dek af. Laat afkoelen in de koelkast.

Tip

Vervang het cacaopoeder door 1 theelepeltje koffiepoeder voor lekkere mokkamacarons.

Voeg 1 theelepel koffiepoeder toe aan de room en je krijgt een lekkere koffiecrème.

CHOCOLADE-MACARONS

MMM... WIE HOUDT ER NU NIET VAN CHOCOLADE? DEZE MACARONS ZIJN HEERLIJK BIJ EEN KOPJE KOFFIE!

MACARONS: 1 x basisrecept - 1 koffielepel pure cacao - eventueel wat bruine kleurstof
VULLING: 75 g pure chocolade - 75 g volle room - 1 koffielepel honing - snufje zout

MACARONS:
Cutter het amandelpoeder en de bloemsuiker fijn en zeef het daarna samen met het cacaopoeder. Klop het eiwit goed stevig op met de fijne kristalsuiker tot een mooie dikke glanzende massa. Klop er dan eventueel ook kort de bruine kleurstof door. Voeg het amandel-suikermengsel bij het opgeklopte eiwit en macaroneer (zie basisrecept). Vul de spuitzak en spuit rondjes op een bakplaat bekleed met bakpapier. Laat rusten en bak ze dan af in een voorverwarmde oven op 140 °C gedurende 15 minuten.

VULLING:
Doe alle ingrediënten samen in een steelpannetje en zet op een laag vuur. Roer tot de chocolade mooi is gesmolten en je een gladde massa bekomt. Laat afkoelen en indikken voor gebruik.

RED VELVET-MACARONS

DEZE MACARONS ZULLEN ZEKER EN VAST JE HART STELEN. MET DIE FLUWEEL-ZACHTE ROOMKAASVULLING ZIJN ZE EEN WARE LEKKERNIJ.

MACARONS: 1 x basisrecept - 1 koffielepel pure cacao - rode kleurstof

VULLING: 150 g poedersuiker - 25 g boter (op kamertemperatuur) - 63 g roomkaas (koud)

MACARONS:

Cutter het amandelpoeder en de bloemsuiker fijn en zeef het daarna samen met het cacaopoeder.

Klop het eiwit goed stevig op met de fijne kristalsuiker tot een mooie dikke glanzende massa. Klop er dan eventueel ook kort de rode kleurstof door.

Voeg het amandel-suikermengsel bij het opgeklopte eiwit en macaroneer (zie basisrecept). Vul de spuitzak en spuit rondjes op een bakplaat bekleed met bakpapier. Laat rusten en bak ze dan af in een voorverwarmde oven op 140 °C gedurende 15 minuten.

VULLING:

Klop de poedersuiker met de boter tot alles goed is gemengd. Voeg er de roomkaas aan toe en blijf kloppen tot deze volledig is opgenomen en bleek en luchtig is. Klop zeker niet te lang, want dan heb je kans dat de vulling vloeibaar wordt.

Tip

Als je ziet dat het mengsel schift, zet de kom dan gewoon even met de onderkant in een beetje heet water en klop nog eens goed door.

01/ basisrecepten

VANILLE-MACARONS

DE KLASSIEKER ONDER DE SMAKEN. HET VERSE VANILLESTOKJE MAG HIER ZEKER NIET ONTBREKEN...

MACARONS: 1 x basisrecept - merg van 1 vanillestokje
VULLING: 33 g eiwit - 63 g fijne kristalsuiker - merg van 1 vanillestokje - 92 g ongezouten boter (op kamertemperatuur), in kleine blokjes

MACARONS:
Cutter het amandelpoeder en de bloemsuiker fijn en zeef het daarna.
Klop het eiwit goed stevig op met de fijne kristalsuiker en het merg van het vanillestokje tot een mooie dikke glanzende massa. Voeg het amandel-suikermengsel bij het opgeklopte eiwit en macaroneer (zie basisrecept).
Vul de spuitzak en spuit rondjes op een bakplaat bekleed met bakpapier. Laat rusten en bak ze dan af in een voorverwarmde oven op 140 °C gedurende 15 minuten.

VULLING:
Zet een steelpannetje met warm water op het vuur en breng aan de kook. Doe het eiwit samen met de suiker in een roestvrijstalen kom en klop los. Zet de kom in het water en klop goed door tot de suiker helemaal gesmolten is en je geen korreltjes meer voelt als je een beetje van het mengsel tussen je vingers wrijft. Giet over in een andere roestvrije kom en klop dit mengsel koud tot een mooie stevige witte en glanzende massa. Voeg er dan het vanillemerg en beetje bij beetje de blokjes boter bij. Klop telkens goed door. Als de boter goed is opgenomen. Klop dan de crème nog eens goed door op de hoogste stand.

Tip

Vervang een deel van het amandelpoeder door fijngemalen ongezouten pistachenootjes voor een meer intense pistachesmaak.

PISTACHE-MACARONS

MACARONS: 1 x basisrecept - groene kleurstof - handvol fijngehakte pistachenoten

VULLING: 100 g chocolade met pistachevulling - 50 g room - gezouten pistachenoten

MACARONS:

Cutter het amandelpoeder en de bloemsuiker fijn en zeef het daarna.

Klop het eiwit goed stevig op met de fijne kristalsuiker tot een mooie dikke glanzende massa. Klop er dan ook kort de groene kleurstof door.

Voeg het amandel-suikermengsel bij het opgeklopte eiwit en macaroneer (zie basisrecept). Vul de spuitzak en spuit rondjes op een bakplaat bekleed met bakpapier. Strooi er op de bovenkant wat fijngehakte pistachenootjes op. Laat rusten en bak ze dan af in een voorverwarmde oven op 140 °C gedurende 15 minuten.

VULLING:

Doe de chocolade met pistachevulling samen met de room in een steelpannetje en laat al roerend op een zacht vuurtje smelten. Laat afkoelen in de koelkast. Leg na het spuiten van de vulling op de macaronschelp steeds een pistachenootje.

Tip

Giet de vulling direct in een spuitzak en laat hem zo afkoelen in de koelkast.

HOOFDSTUK 02/

KIDS

1e leerjaar
rekenen

APPELS MET WORMPJE

MACARONS: 1 x basisrecept - rode gelkleurstof - kleine witte suikerpareltjes
VULLING: 1 appel - 1 klontje boter - 1 eetlepel fijne suiker - 33 g eiwit - 63 g suiker - merg van 1 vanillestokje - 92 g ongezouten boter (op kamertemperatuur)
AFWERKING: bruine en groene suikerpasta - zwarte voedingsstift

MACARONS:

Cutter het amandelpoeder en de bloemsuiker samen fijn en zeef het daarna. Klop het eiwit goed stevig op met de fijne kristalsuiker tot een mooie dikke glanzende massa. Klop er dan ook kort de rode kleurstof door. Voeg het amandel-suikermengsel bij het opgeklopte eiwit en macaroneer (zie basisrecept). Vul de spuitzak en spuit rondjes op een bakplaat bekleed met bakpapier. Leg op de helft van de macarons steeds vier witte suikerpareltjes in de vorm van een wormpje. Laat rusten en bak ze dan af in een voorverwarmde oven op 140 °C gedurende 15 minuten.

VULLING:

Schil de appel en snijd in kleine blokjes. Smelt de boter in een pan en bak de appelblokjes daarin aan met de fijne suiker. Zet een steelpannetje met warm water op het vuur en breng aan de kook. Doe het eiwit in een roestvrijstalen kom samen met de suiker en klop los. Zet de kom in het water en klop goed door tot de suiker helemaal gesmolten is en je geen korreltjes meer voelt als je een beetje van het mengsel tussen je vingers wrijft. Giet over in een andere roestvrijstalen kom en klop dit mengsel koud tot een mooie stevige witte en glanzende massa. Voeg er dan het vanillemerg en beetje bij beetje de blokjes boter bij en klop telkens goed door. Als de boter goed is opgenomen, klop dan de crème nog eens goed door op de hoogste stand.

AFWERKING:

Doe de vulling in een spuitzak en spuit mooie dotjes vulling op de ene schelp van de macaron en leg hierop telkens wat gebakken appelblokjes. Dek af met een ander schelpje. Maak van een beetje bruine suikerpasta een steeltje en van de groene suikerpasta een blaadje. Steek deze tussen de beide helften van de macaron. Geef het wormpje met de zwarte voedingsstift twee oogjes.

02/ kids

PADDENSTOELEN

MACARONS: 1 x basisrecept - rode gelkleurstof - zwarte suikerparels
VULLING: 75 g witte chocolade - 2 ½ eetlepels slagroom (40%) - 1 theelepel vanille-extract
AFWERKING: zwarte voedingsstift - fijn penseeltje - roze dustpoeder

MACARONS:
Cutter het amandelpoeder en de bloemsuiker samen fijn en zeef het daarna. Klop het eiwit goed stevig op met de fijne kristalsuiker tot een mooie dikke glanzende massa. Voeg het amandel-suikermengsel bij het opgeklopte eiwit, tot het amandel-suikermengsel is opgenomen door het eiwit. Hier is het belangrijk dat je zeker nog niet gaat macaroneren. Schep een beetje van het dikke mengsel uit in een ander roestvrijstalen kommetje en voeg hierbij een beetje rode gelkleurstof en macaroneer (zie basisrecept). Macaroneer nu ook het witte beslag. Vul een spuitzak met een rond spuitmondje met het witte beslag en voeg ook een beetje van dit beslag in een spuitzak waar je een klein stukje vanaf knipt. Doe dit ook met het rode beslag. Spuit met het witte beslag mooie rondjes op een bakplaat bekleed met bakpapier. Neem dan de spuitzak met het rode beslag en begin met een lijntje te spuiten aan de bovenkant van je witte macaron en spuit zo verder tot je een hoedje bekomt. Vul dit dan in met het rode beslag en tik eens goed met de bakplaat op het werkblad zodat alles mooi in elkaar vloeit.
Leg twee zwarte suikerpareltjes in de macaron als oogjes en spuit een dotje van het rode beslag als neusje. Neem nu de derde spuitzak met wit beslag en spuit kleine dotjes in het rode hoedje. Laat rusten en bak ze dan af in een voorverwarmde oven op 140 °C gedurende 15 minuten.

VULLING:
Doe de witte chocolade in een hittebestendige kom. Breng de room met het vanille-extract aan de kook, giet deze over de witte chocolade en roer mooi glad. Giet in een spuitzak en laat afkoelen in de koelkast tot de crème is ingedikt.

AFWERKING:
Spuit mooie dotjes vulling op de ene schelp van de macaron en dek af met een andere schelp. Teken met de zwarte voedingsstift gezichtjes op je paddenstoeltjes en geef ze blozende wangetjes met het roze dustpoeder.

C
CIRCUS

CLOWNS

MACARONS: 1 x basisrecept - blauwe en huidskleurige gelkleurstof - zilveren suikerparels - bruine sterretjes - zwarte suikerparels - rode hartjes

VULLING: 125 ml slagroom (40%) - 25 g fijne suiker - 20 g geprakte bosbessen - eventueel wat klop-fix

AFWERKING: bosbessen - rode suikerpasta - zwarte voedingsstift

MACARONS:

Cutter het amandelpoeder en de bloemsuiker samen fijn en zeef het daarna. Klop het eiwit goed stevig op met de fijne kristalsuiker tot een mooie dikke glanzende massa. Voeg het amandel-suikermengsel bij het opgeklopte eiwit, tot het amandel-suikermengsel is opgenomen door het eiwit. Hier is het belangrijk dat je zeker nog niet gaat macaroneren. Schep een beetje van het dikke mengsel uit in een ander roestvrijstalen kommetje, voeg hierbij een beetje blauwe gelkleurstof en macaroneer. Voeg bij het witte beslag de kleurstof in huidskleur toe en macaroneer.

Vul een spuitzak met een rond spuitmondje met het huidskleurige beslag en spuit rondjes op een bakplaat bekleed met bakpapier. Vul een spuitzak met het blauwe beslag en knip er een klein puntje af. Spuit eerst de vorm van een hoedje en vul dit dan verder in met het blauwe beslag. Leg twee zilveren suikerparels in het hoedje en een bruin sterretje als plukje haar. Leg twee zwarte suikerparels als oogjes en onderaan de hartjes. Laat rusten en bak af in een voorverwarmde oven op 140 °C gedurende 15 minuten.

VULLING:

Klop de slagroom met de suiker tot er lichte pieken ontstaan en klop er dan de geprakte bosbessen bij, klop het geheel goed stijf. Je kunt daarbij eventueel wat klop-fix gebruiken. Doe de vulling in een spuitzak.

AFWERKING:

Spuit mooie dotjes vulling op de ene schelp van de macaron en leg er telkens een bosbes in. Dek af met de andere schelp. Maak van de rode suikerpasta rode bolletjes als neusje en plak deze met een klein beetje vulling vast op de macaron. Geef je clowntje tot slot een mondje en wat sproetjes met de zwarte voedingsstift.

MONSTERS

MACARONS: 1 x basisrecept - blauwe gelkleurstof
VULLING: 4 eetlepels Nutella - ½ banaan - handvol hazelnoten
AFWERKING: suikeroogjes - suikerpareltjes in verschillende kleuren - blauwe suikerpasta

MACARONS:
Cutter het amandelpoeder en de bloemsuiker samen fijn en zeef het daarna. Klop het eiwit goed stevig op met de fijne kristalsuiker tot een mooie dikke glanzende massa. Klop er dan ook kort de blauwe kleurstof door. Voeg het amandel-suikermengsel bij het opgeklopte eiwit en macaroneer (zie basisrecept). Vul de spuitzak en spuit rondjes op een bakplaat bekleed met bakpapier. Laat rusten en bak ze dan af in een voorverwarmde oven op 140 °C gedurende 15 minuten.

VULLING:
Doe de Nutella in een spuitzak. Snijd de banaan in schijfjes. Cutter de hazelnoten fijn (er mogen nog wel wat stukjes inzitten).

AFWERKING:
Spuit een dotje Nutella op de ene schelp van de macaron en leg er een schijfje banaan bovenop. Strooi er wat gemalen hazelnoten over en dek af met een andere schelp. Geef je monstertje twee oogjes van suiker, een neusje en tandjes van suikerpareltjes en oortjes en een mondje van suikerpasta. Laat je fantasie de vrije loop, zou ik zeggen. Deze monstertjes zijn ook leuk in andere kleurtjes.

PIRATEN

MACARONS: 1 x basisrecept - groene en huidskleurige gelkleurstof - zwarte suikerparels
VULLING: 25 g ongezouten boter - 63 g pralinépasta - 150 g pure chocolade
AFWERKING: zwarte en witte suikerpasta - zwarte voedingsstift

MACARONS:

Cutter het amandelpoeder en de bloemsuiker samen fijn en zeef het daarna. Klop het eiwit goed stevig op met de fijne kristalsuiker tot een mooie dikke glanzende massa. Voeg het amandel-suikermengsel bij het opgeklopte eiwit tot het amandel-suikermengsel is opgenomen door het eiwit. Hier is het belangrijk dat je zeker nog niet gaat macaroneren. Schep een beetje van het dikke mengsel uit in een ander roestvrijstalen kommetje, voeg hierbij een beetje groene kleurstof en macaroneer. Voeg bij het witte beslag de kleurstof in huidskleur toe en macaroneer. Vul een spuitzak met een rond spuitmondje met het huidskleurige beslag en spuit rondjes op een bakplaat bekleed met bakpapier. Vul een spuitzak met het groene beslag en knip er een klein puntje af. Spuit eerst de vorm van een hoedje en vul dit dan verder in met het groene beslag. Leg enkele zwarte suikerparels in het hoedje. Laat rusten en bak af in een voorverwarmde oven op 140 °C gedurende 15 minuten.

VULLING:

Klop de boter tot een witte luchtige crème en meng er de pralinépasta door. Smelt de chocolade en meng ze met het pralinémengsel tot een smeuïge ganache. Giet in een spuitzak en laat afkoelen in de koelkast.

AFWERKING:

Spuit een dotje ganache op de ene schelp van de macaron en dek af met de andere helft. Maak een ooglapje en plukjes haar van de zwarte suikerpasta. Maak oogjes met witte en zwarte suikerpasta. Werk verder af met de zwarte voedingsstift (bijvoorbeeld een stoppelbaard, een litteken, sproetjes...).

BURGERS
FAST FOOD

HAMBURGERS

MACARONS: 1 x basisrecept - huidskleurige gelkleurstof - sesamzaadjes
VULLING: 75 ml room (40%) - 50 g suiker - 75 g pure chocolade - 25 g ongezouten koude boter
AFWERKING: gele en groene marsepein - kleine uitsteker in bloemvorm

MACARONS:
Cutter het amandelpoeder en de bloemsuiker samen fijn en zeef het daarna.
Klop het eiwit goed stevig op met de fijne kristalsuiker tot een mooie dikke glanzende massa. Klop er dan ook kort de huidskleurige kleurstof door.
Voeg het amandel-suikermengsel bij het opgeklopte eiwit en macaroneer (zie basisrecept).
Vul de spuitzak en spuit rondjes op een bakplaat bekleed met bakpapier. Strooi er de sesamzaadjes over.
Laat rusten en bak ze dan af in een voorverwarmde oven op 140 °C gedurende 15 minuten.

VULLING:
Verwarm de room op een laag vuur en voeg er de suiker en de fijngesneden chocolade bij. Laat zachtjes al roerend smelten. Als alles gesmolten is, meng dan de koude boter erbij. Giet dit mengsel in een spuitzak en laat afkoelen in de koelkast.

AFWERKING:
Rol de gele marsepein uit en snijd ze in vierkante plakjes 'kaas'. Rol de groene marsepein uit en steek met de uitsteker bloempjes uit; dit zijn de blaadjes sla.
Spuit mooie dotjes vulling op de ene schelp van de macaron en leg er telkens een plakje kaas en wat sla op. Dek af met de andere schelp. Je kunt ook de sla weglaten, dan heb je gewone cheeseburgers.

HOOFDSTUK 03/

FEEST

BALLONNEN

MACARONS: 1 x basisrecept - gelkleurstof naar keuze
VULLING: 250 ml volle melk - 50 g suiker - 20 g puddingpoeder - 2 eierdooiers - merg van ½ vanillestokje

MACARONS:
Cutter het amandelpoeder en de bloemsuiker samen fijn en zeef het daarna. Klop het eiwit goed stevig op met de fijne kristalsuiker tot een mooie dikke glanzende massa. Voeg het amandel-suikermengsel bij het opgeklopte eiwit tot het amandel-suikermengsel is opgenomen door het eiwit. Hier is het belangrijk dat je zeker nog niet gaat macaroneren. Schep een beetje van het dikke mengsel uit in een ander roestvrijstalen kommetje en macaroneer. Voeg bij het witte beslag een kleurstof naar keuze toe en macaroneer. Vul een spuitzak met een rond spuitmondje met het gekleurde beslag en spuit rondjes op een bakplaat bekleed met bakpapier. Vul een nieuwe spuitzak met het gekleurde beslag en knip er een klein puntje af. Spuit hiermee een driehoekvorm onderaan en tik eens goed met de bakplaat op het werkvlak zodat alles mooi in elkaar vloeit en je de vorm van een ballon krijgt. Spuit er dan ook een klein dotje aan als sluiting van je ballon. Neem nog een spuitzak, vul die met het witte beslag, knip een klein stukje af en spuit nu een klein wit dotje in je ballon. Laat rusten en bak af in een voorverwarmde oven op 140 °C gedurende 15 minuten.

VULLING:
Doe 75 milliliter melk in een schaal, samen met de suiker en het puddingpoeder, en meng goed. Voeg er dan ook de dooiers bij en meng goed tot een gladde massa. Breng de rest van de melk met het vanillemerg aan de kook. Als dit mengsel kookt, giet dan een beetje bij het koude mengsel en giet dit dan weer bij de warme melk. Laat mooi indikken, giet deze banketbakkersroom in een kom, en dek af met plasticfolie. Laat afkoelen in de koelkast.

AFWERKING:
Klop de banketbakkersroom goed los met een klopper tot een gladde pudding en schep in een spuitzak. Spuit een dotje vulling op de ene schelp van de macaron en dek af met een andere schelp.

LOVE
is in the air

VALENTIJN

MACARONS: 1 x basisrecept - roze gelkleurstof - eetbare suikerstrooisels in de vorm van hartjes
VULLING: 1 blaadje gelatine - 150 ml room (40%) - 20 g suiker - 25 g melkchocolade - 75 g banketbakkersroom

MACARONS:

Cutter het amandelpoeder en de bloemsuiker samen fijn en zeef het daarna.
Klop het eiwit goed stevig op met de fijne kristalsuiker tot een mooie dikke glanzende massa. Klop er dan ook kort de roze kleurstof door. Voeg het amandel-suikermengsel bij het opgeklopte eiwit en macaroneer (zie basisrecept). Vul de spuitzak en spuit rondjes op een bakplaat bekleed met bakpapier. Strooi er de suikerballetjes en -hartjes over.
Laat rusten en bak ze dan af in een voorverwarmde oven op 140 °C gedurende 15 minuten.

VULLING:

Laat de gelatine 15 minuten weken in koud water. Klop de room met de suiker halfvast op. Smelt de chocolade en meng deze met de banketbakkersroom tot een gladde crème. Knijp de gelatine uit en laat ze smelten op een laag vuur. Voeg de gesmolten gelatine bij de chocoladebanketbakkersroom en meng goed door. Spatel er dan ook de opgeklopte room door en meng tot een gladde massa. Giet dit mengsel in een spuitzak en laat opstijven in de koelkast.

AFWERKING:

Spuit een dotje vulling op de ene schelp van de macaron en dek af met de andere schelp.

PAASHAZEN

MACARONS: 1 x basisrecept
VULLING: 150 g Toblerone chocolade - 150 ml room (40 %)
AFWERKING: minimarshmallows - oranje suiker (kun je zelf maken door suiker met oranje kleurstof te kleuren) - oranje suikerpasta - zwarte voedingsstift

MACARONS:
Cutter het amandelpoeder en de bloemsuiker samen fijn en zeef het daarna. Klop het eiwit goed stevig op met de fijne kristalsuiker tot een mooie dikke glanzende massa. Voeg het amandel-suikermengsel bij het opgeklopte eiwit en macaroneer (zie basisrecept). Vul de spuitzak en spuit rondjes op een bakplaat bekleed met bakpapier. Laat rusten en bak ze dan af in een voorverwarmde oven op 140 °C gedurende 15 minuten.

VULLING:
Doe de slagroom samen met de chocolade in een steelpannetje en laat op een laag vuur al roerend smelten. Laat koud worden in de koelkast. Als het goed koud is, klop het dan met de handmixer op tot een luchtige mousse, schep het in een spuitzak en laat nog eventjes in de koelkast opstijven.

AFWERKING:
Spuit een dotje vulling op de ene schelp van de macaron en dek af met de andere schelp. Knip de minimarshmallows in tweeën en dop ze met de doorgeknipte kant in de oranje suiker; dit worden de oortjes van de paashaas. Snijd een driehoekje uit de oranje suikerpasta en gebruik dit als neusje. Plak dit met een beetje water op de macarons. Teken tot slot met de zwarte voedingsstift de oogjes.

hallo
ween
HALLOWEEN

SPOOKJES

MACARONS: 1 x basisrecept - zwarte suikerpareltjes
VULLING: 2 ml water - 75 g zeer fijne kristalsuiker - 75 g rietsuiker - 50 g ongezouten boter - fleur de sel naar smaak - 100 ml slagroom
AFWERKING: zwarte voedingsstift - oranje en zwarte suikerpasta

MACARONS:
Cutter het amandelpoeder en de bloemsuiker samen fijn en zeef het daarna. Klop het eiwit goed stevig op met de fijne kristalsuiker tot een mooie dikke glanzende massa. Voeg het amandel-suikermengsel bij het opgeklopte eiwit en macaroneer (zie basisrecept). Doe een deel van je beslag in een spuitzak zonder spuitmondje en knip een klein stukje af. Vul een spuitzak met een rond spuitmondje en spuit rondjes op een bakplaat bekleed met bakpapier. Met de andere spuitzak geef je het spookje een staartje: omlijn eerst en vul dan in. Leg twee zwarte suikerpareltjes op de macarons als oogjes. Laat rusten en bak ze dan af in een voorverwarmde oven op 140 °C gedurende 15 minuten.

VULLING:
Doe het water en de kristalsuiker in een steelpannetje en verwarm tot er een lichtbruine karamel ontstaat. Haal van het vuur en voeg er de rietsuiker, de boter, wat fleur de sel en de room aan toe. Roer tot alles is opgelost. Zet de pan terug op het vuur en laat op een laag vuur nog eventjes pruttelen tot de karamel is ingedikt. Giet in een spuitzak en laat afkoelen.

AFWERKING:
Spuit een dotje vulling op de ene schelp van de macaron en dek af met de andere schelp. Geef je spookjes een mondje met de zwarte voedingsstift en maak strikjes van de suikerpasta.

KERSTBOMEN

MACARONS: 1 x basisrecept - groene kleurstof - suikersterretjes - gekleurde suikerparels
VULLING: 100 g ongezouten boter - 38 g bloemsuiker - 100 g speculaaspasta
AFWERKING: verkruimelde speculaaskoekjes naar smaak

MACARONS:
Cutter het amandelpoeder en de bloemsuiker samen fijn en zeef het daarna. Klop het eiwit goed stevig op met de fijne kristalsuiker tot een mooie dikke glanzende massa. Klop er dan ook kort de groene kleurstof door. Voeg het amandel-suikermengsel bij het opgeklopte eiwit en macaroneer (zie basisrecept). Vul de spuitzak en knip er een klein stukje af. Teken op een stuk bakpapier kerstboompjes en leg er een ander stuk bakpapier bovenop. Spuit nu je kerstboompjes: omlijn eerst en vul ze dan in. Leg een suikersterretje op de top van ieder kerstboompje en versier ze met de gekleurde suikerparels. Laat rusten en bak ze dan af in een voorverwarmde oven op 140 °C gedurende 15 minuten.

VULLING:
Klop de boter met de bloemsuiker wit en luchtig en voeg er dan de speculaaspasta aan toe. Klop goed glad. Doe de vulling in een spuitzak.

AFWERKING:
Spuit een dotje vulling op de ene schelp van de macaron en strooi er wat verkruimelde speculaaskoekjes over. Dek af met de andere schelp.

KERSTKRANSEN

MACARONS: 1 x basisrecept - groene gelkleurstof gekleurde suikerparels
VULLING: 90 g pure chocolade - 20 g ongezouten boter - 3 eetlepels melk - 1 ½ eetlepel pindakaas
AFWERKING: rode suikerpasta

MACARONS:
Cutter het amandelpoeder en de bloemsuiker samen fijn en zeef het daarna.
Klop het eiwit goed stevig op met de fijne kristalsuiker tot een mooie dikke glanzende massa. Klop er dan ook kort de groene kleurstof door.
Voeg het amandel-suikermengsel bij het opgeklopte eiwit en macaroneer (zie basisrecept). Houd je beslag dit keer iets dikker. Spuit met een gekarteld spuitmondje dotjes in een cirkel op een bakplaat bekleed met bakpapier en laat een gaatje in het midden vrij.
Strooi er de suikerpareltjes op.
Laat rusten en bak ze dan af in een voorverwarmde oven op 140 °C gedurende 15 minuten.

VULLING:
Doe alle ingrediënten in een steelpannetje en laat op een laag vuur al roerend smelten. Laat het mengsel afkoelen en klop het dan tot een luchtige massa met de handmixer. Schep in een spuitzak.

AFWERKING:
Spuit een dotje vulling op de ene schelp van de macaron en dek af met de andere schelp. Maak strikjes van de rode suikerpasta en versier hiermee je kerstkransjes.

HOOFDSTUK 04/

SEIZOENEN

~ WINTER ~

SNEEUWMANNEN

MACARONS: 1 x basisrecept - paarse gelkleurstof - zwarte, oranje en blauwe suikerparels
VULLING: 125 g ongezouten boter - 125 g bloemsuiker - 1 eetlepel melk - 1 theelepel vanille-extract - 2 theelepels kaneelpoeder
AFWERKING: zwarte suikerpasta - fijn penseeltje - roze dustpoeder

MACARONS:
Cutter het amandelpoeder en de bloemsuiker samen fijn en zeef het daarna. Klop het eiwit goed stevig op met de fijne kristalsuiker tot een mooie dikke glanzende massa.
Voeg het amandel-suikermengsel bij het opgeklopte eiwit en meng zachtjes tot het amandel-suikermengsel is opgenomen door het eiwit. Hier is het belangrijk dat je zeker nog niet gaat macaroneren. Schep een beetje van het dikke mengsel uit in een ander roestvrijstalen kommetje, voeg er de paarse kleurstof bij en macaroneer. Macaroneer ook de rest van je witte beslag en vul een spuitzak met spuitmondje. Spuit rondjes op een bakplaat bekleed met bakpapier en spuit dan eronder ook nog eens rondjes voor de buikjes. Spuit met het paarse beslag een mutsje voor de sneeuwmannetjes: omlijn eerst en vul dan in. Gebruik de zwarte suikerpareltjes als oogjes en de oranje als neusje. Leg wat blauwe suikerpareltjes als knoopjes. Laat rusten en bak af in een voorverwarmde oven op 140 °C gedurende 15 minuten.

VULLING:
Klop de zachte boter tot een luchtige smeuïge massa. Voeg dan langzaam de bloemsuiker toe en klop door tot een witte en luchtige crème. Hoe langer je blijft kloppen, hoe luchtiger de crème wordt. Voeg vervolgens de melk, het vanille-extract en het kaneelpoeder toe. Klop nog eens goed door en schep de vulling in een spuitzak.

AFWERKING:
Spuit een dotje vulling op de ene schelp van de macaron en dek af met de andere schelp. Maak uit de zwarte suikerpasta een klein strikje en schilder roze wangetjes met het dustpoeder.

~ WINTER ~

RENDIEREN

MACARONS: 1 x basisrecept - bruine gelkleurstof - zwarte suikerpareltjes - suikerhartjes
VULLING: 100 g ongezouten boter - 38 g bloemsuiker - 100 g Nutella
AFWERKING: pure chocolade

MACARONS:

Cutter het amandelpoeder en de bloemsuiker samen fijn en zeef het daarna.
Klop het eiwit goed stevig op met de fijne kristalsuiker tot een mooie dikke glanzende massa. Klop er dan ook kort de bruine kleurstof door.
Voeg het amandel-suikermengsel bij het opgeklopte eiwit en macaroneer (zie basisrecept).
Vul de spuitzak en spuit rondjes op een bakplaat bekleed met bakpapier. Leg twee zwarte suikerpareltjes op je macaron als oogjes en een suikerhartje als neusje. Laat rusten en bak ze dan af in een voorverwarmde oven op 140 °C gedurende 15 minuten.

VULLING:

Klop de zachte boter samen met de bloemsuiker wit en luchtig. Voeg er dan de Nutella aan toe en klop goed door tot een gladde massa. Schep de vulling in een spuitzak.

AFWERKING:

Smelt wat chocolade in een potje in de microgolfoven (magnetron). Doe de gesmolten chocolade in een spuitzak en spuit geweitjes op bakpapier. Laat de chocolade terug stollen en pel de geweitjes voorzichtig van het bakpapier. Spuit een dotje vulling op de ene schelp van de macaron en dek af met de andere schelp. Steek tot slot telkens aan beide kanten een chocoladegeweitje in de vulling.

~ LENTE ~

BLOEMEN

MACARONS: 1 x basisrecept - gele en rode gelkleurstof

VULLING: 2 grote eieren - 125 g fijne suiker - 250 g ongezouten boter - merg van ½ vanillestokje

AFWERKING: stukjes verse meloen - witte lollystokjes - groen lintje

MACARONS:

Cutter het amandelpoeder en de bloemsuiker samen fijn en zeef het daarna. Klop het eiwit goed stevig op met de fijne kristalsuiker tot een mooie dikke glanzende massa. Voeg het amandel-suikermengsel bij het opgeklopte eiwit en meng zachtjes tot het amandel-suikermengsel is opgenomen door het eiwit. Hier is het belangrijk dat je zeker nog niet gaat macaroneren. Schep dan een beetje van het dikke mengsel uit in een ander roestvrijstalen kommetje, voeg er de gele kleurstof bij en macaroneer, maar laat je beslag iets steviger. Vul een spuitzak met dit beslag en knip er een klein stukje af. Voeg bij de rest van je witte beslag de rode kleurstof toe en macaroneer, maar laat ook hier het beslag steviger. Vul een spuitzak met spuitmondje met dit beslag en spuit dotjes in kleine cirkeltjes op een bakplaat bekleed met bakpapier. Spuit in het midden een geel dotje beslag. Laat rusten en bak ze dan af in een voorverwarmde oven op 140 °C gedurende 15 minuten.

VULLING:

Leg de eieren ca. 5 minuten in een warmwaterbad. Klop ze dan met de suiker op tot een luchtige witte massa. Klop de zachte boter samen met het vanillemerg wit en luchtig en voeg er dan het beslag bij en roer tot een gladde crème. Schep de crème in een spuitzak.

AFWERKING:

Spuit een dotje vulling op de ene schelp van de macaron en leg er een stukje meloen op, dek af met de andere schelp. Steek een lollystokje in de vulling en bind er een groen lintje rond.

~ LENTE ~

BIJEN

MACARONS: 1 x basisrecept - gele gelkleurstof - zwarte suikerpareltjes
VULLING: 125 g mascarpone - 100 ml room (40%) - 2 eetlepels vloeibare honing - 1 eetlepel citroensap - 1 eiwit - 1 theelepel suiker
AFWERKING: eetbaar papier - zwarte voedingsstift

MACARONS:
Cutter het amandelpoeder en de bloemsuiker samen fijn en zeef het daarna.
Klop het eiwit goed stevig op met de fijne kristalsuiker tot een mooie dikke glanzende massa. Klop er dan ook kort de gele kleurstof door. Voeg het amandel-suikermengsel bij het opgeklopte eiwit en macaroneer (zie basisrecept). Vul de spuitzak en spuit rondjes op een bakplaat bekleed met bakpapier. Leg er twee zwarte suikerpareltjes op als oogjes. Laat rusten en bak ze dan af in een voorverwarmde oven op 140 °C gedurende 15 minuten.

VULLING:
Klop de mascarpone op met de room en de honing. Doe er het citroensap bij. Klop nog eens goed op.
Klop het eiwit stijf met de suiker. Spatel de eiwitsneeuw luchtig door de mascarponecrème en schep in een spuitzak. Laat opstijven in de koelkast.

AFWERKING:
Spuit een dotje vulling op de ene schelp van de macaron en dek af met de andere schelp. Snijd vleugeltjes uit het eetbaar papier en steek ze aan beide kanten in de vulling. Teken met de zwarte voedingsstift zwarte strepen.

Tip

Deze vulling kun je goed bewaren in de koelkast en is ook héél lekker op een pannenkoek of op een geroosterde boterham.

~ ZOMER ~

ZONNETJES

MACARONS: 1 x basisrecept - gele gelkleurstof - zwarte suikerparels
VULLING: 5 grote eierdooiers - 60 g ongezouten gesmolten boter - 150 g suiker - 100 ml vers citroensap - 2 eetlepels citroenzeste
AFWERKING: gele candymelts - zwarte voedingsstift - penseel - roze dustpoeder

MACARONS:
Cutter het amandelpoeder en de bloemsuiker samen fijn en zeef het daarna. Klop het eiwit goed stevig op met de fijne kristalsuiker tot een mooie dikke glanzende massa. Klop er dan ook kort de gele kleurstof door. Voeg het amandel-suikermengsel bij het opgeklopte eiwit en macaroneer (zie basisrecept). Vul de spuitzak en spuit rondjes op een bakplaat bekleed met bakpapier. Leg twee zwarte suikerpareltjes op je macaron als oogjes. Laat rusten en bak ze dan af in een voorverwarmde oven op 140 °C gedurende 15 minuten.

VULLING:
Doe de dooiers, de gesmolten boter en de suiker in een steelpannetje en meng met een klopper alles goed samen. Voeg er dan straalsgewijs het citroensap bij en zet op een middelhoog vuur. Blijf zeker goed roeren. Na ca. 5 minuten zet je het vuur hoger en roer je stevig door; je zult merken dat de vulling zal beginnen binden. Als je een mooie crème bekomt, haal het pannetje dan van het vuur en voeg er de zeste bij. Giet deze lemoncurd in een spuitzak en laat afkoelen.

AFWERKING:
Smelt de gele candymelts in de microgolfoven (magnetron) en giet in een spuitzak. Spuit streepjes op bakpapier en laat stollen. Spuit een dotje vulling op de ene schelp van de macaron en dek af met de andere schelp. Geef je zonnetjes een mondje met de voedingsstift en wangetjes met het dustpoeder. Steek tot slot de gele candymeltstreepjes tussen je macarons in de vulling, dit zijn de straaltjes.

Tip

Als je de vulling te zuur vindt, klop dan een beetje gesuikerde slagroom op en spuit eerst een beetje slagroom op je macaron en dan een dotje lemoncurd.

Tip

Als je ziet dat het mengsel schift, zet de kom dan gewoon even met de onderkant in een beetje heet water en klop nog eens goed door.

~ ZOMER ~

AARDBEITJES

MACARONS: 1 x basisrecept - rode gelkleurstof
VULLING: 33 ml eiwit - 63 g fijne suiker - 92 g ongezouten boter - 25 g pure chocolade
AFWERKING: verse aardbeien - groene suikerpasta - zwarte voedingsstift

MACARONS:
Cutter het amandelpoeder en de bloemsuiker samen fijn en zeef het daarna. Klop het eiwit goed stevig op met de fijne kristalsuiker tot een mooie dikke glanzende massa. Klop er dan ook kort de rode kleurstof door. Voeg het amandel-suikermengsel bij het opgeklopte eiwit en macaroneer (zie basisrecept). Vul de spuitzak en spuit hartjes op een bakplaat bekleed met bakpapier. Laat rusten en bak ze dan af in een voorverwarmde oven op 140 °C gedurende 15 minuten.

VULLING:
Zet een steelpannetje met warm water op het vuur en breng aan de kook. Doe het eiwit in een roestvrijstalen kom samen met de suiker en klop los. Zet de kom in het water en klop goed door tot de suiker helemaal gesmolten is en je geen korreltjes meer voelt als je een beetje van het mengsel tussen je vingers wrijft. Giet over in een andere roestvrijstalen kom en klop dit mengsel koud tot een mooie stevige witte en glanzende massa. Voeg er dan beetje bij beetje de blokjes boter bij klop telkens goed door. Als de boter goed is opgenomen, voeg dan de gesmolten chocolade toe. Klop de crème nog eens goed door op de hoogste stand.

AFWERKING:
Spuit een dotje vulling op de ene schelp van de macaron en leg er een schijfje aardbei op, dek af met de andere schelp. Maak van de groene suikerpasta een blaadje voor de kroontjes. Werk de aardbeitjes af met zwarte stipjes.

~ HERFST ~

POMPOENEN

MACARONS: 1 x basisrecept - oranje en groene gelkleurstof
VULLING: 125 g ongezouten boter - 125 g bloemsuiker - 2 eetlepels vers sinaasappelsap
1 eetlepel zeste van sinaasappel

MACARONS:
Cutter het amandelpoeder en de bloemsuiker samen fijn en zeef het daarna. Klop het eiwit goed stevig op met de fijne kristalsuiker tot een mooie dikke glanzende massa. Voeg het amandel-suikermengsel bij het opgeklopte eiwit en meng zachtjes tot het amandel-suikermengsel is opgenomen door het eiwit. Hier is het belangrijk dat je zeker nog niet gaat macaroneren. Schep een beetje van het dikke mengsel uit in een ander roestvrijstalen kommetje, voeg er de groene kleurstof bij en macaroneer. Vul een spuitzak met dit beslag en knip er een klein stukje af. Voeg aan de rest van het witte beslag de oranje kleurstof toe en macaroneer. Vul een spuitzak met spuitmondje met dit beslag en schep ook een beetje in een nieuwe spuitzak waarvan je ook het puntje afknipt. Spuit rondjes op een bakplaat bekleed met bakpapier. Spuit dan met het groene beslag een steeltje en spuit met het oranje beslag streepjes op de pompoentjes. Laat rusten en bak ze dan af in een voorverwarmde oven op 140 °C gedurende 15 minuten.

VULLING:
Klop de zachte boter tot een luchtige, smeuïge massa. Voeg dan langzaam de bloemsuiker toe en klop tot een witte en luchtige crème. Voeg tot slot het sinaasappelsap en de zeste toe. Wil je graag oranje crème, voeg dan een druppel oranjegele kleurstof toe en klop de crème nog eens goed door.

AFWERKING:
Spuit een dotje vulling op de ene schelp van de macaron en dek af met de andere schelp.

COULEUR

~ HERFST ~

REGENWOLKEN

MACARONS: 1 x basisrecept

VULLING: 100 g ongezouten boter - 100 ml room (40%) - 100 g fijne suiker

1 à 2 eetlepels amaretto

AFWERKING: eetbaar glitterpoeder - penseeltje - zure regenboogsnoepjes

MACARONS:

Cutter het amandelpoeder en de bloemsuiker samen fijn en zeef het daarna. Klop het eiwit goed stevig op met de fijne kristalsuiker tot een mooie dikke glanzende massa. Voeg het amandel-suikermengsel bij het opgeklopte eiwit en macaroneer (zie basisrecept). Houd je beslag iets dikker, zo zullen je wolkjes echter lijken. Vul een spuitzak met een rond spuitmondje. Spuit telkens eerst een groot rondje in het midden, daarnaast twee kleinere rondjes en dan onderaan twee kleine rondjes op een bakplaat bekleed met bakpapier. Laat rusten en bak ze dan af in een voorverwarmde oven op 140 °C gedurende 15 minuten.

VULLING:

Klop de boter wit en luchtig. Verwarm de room met de suiker tot de suiker helemaal is opgelost; laat dit mengsel even afkoelen. Giet het dan bij de boter en klop goed door tot een gladde en luchtige crème, dit kan gerust enkele minuten duren. Voeg er dan de amaretto aan toe en klop nog eens goed door. Schep de vulling in een spuitzak.

AFWERKING:

Spuit een dotje vulling op de ene schelp van de macaron en dek af met de andere schelp. Breng glitterpoeder aan op de wolkjes en steek tussen de macarons telkens een regenboog snoepje.

CITY

HOOFDSTUK 05/

DIEREN

UILEN

MACARONS: 1 x basisrecept - blauwe en gele gelkleurstof - zwarte suikerparels
VULLING: 25 ml water - 50 g suiker - 113 g slagroom (40%) - 150 g melkchocolade
AFWERKING: zwarte voedingsstift

MACARONS:

Cutter het amandelpoeder en de bloemsuiker samen fijn en zeef het daarna. Klop het eiwit goed stevig op met de fijne kristalsuiker tot een mooie dikke glanzende massa. Voeg het amandel-suikermengsel bij het opgeklopte eiwit en meng zachtjes tot het amandel-suikermengsel is opgenomen door het eiwit. Hier is het belangrijk dat je zeker nog niet gaat macaroneren. Schep een beetje van het dikke mengsel uit in een ander roestvrijstalen kommetje en macaroneer. Vul een spuitzak met dit beslag en knip er een klein stukje af. Schep nog een lepel stevig beslag in een proper kommetje en voeg er een klein drupje gele kleurstof aan toe. Doe dit mengsel ook in een spuitzak en knip een klein stukje af. Macaroneer het witte beslag met een drupje blauwe kleurstof en doe een klein beetje van dit beslag in een spuitzak waar je ook een klein stukje vanaf knipt. Vul een spuitzak met een spuitmond met de rest van het blauwe beslag en spuit rondjes op een bakplaat bekleed met bakpapier. Met het andere blauwe beslag spuit je kleine driehoekjes als oortjes. Met het witte beslag spuit je in het midden twee dotjes. Leg twee zwarte suikerparels als oogjes en spuit een geel snaveltje. Met de rest van het witte beslag spuit je kleine dotjes. Laat rusten en bak ze dan af in een voorverwarmde oven op 140 °C gedurende 15 minuten.

VULLING:

Doe het water met de suiker in een steelpannetje en laat koken tot je een gouden karamel hebt. Haal het pannetje van het vuur en giet er de slagroom bij. Klop heel goed door. Roer er ten slotte ook de stukjes melkchocolade door en laat eventueel nog wat smelten op een laag vuur. Giet de vulling in een spuitzak en laat afkoelen in de koelkast.

AFWERKING:

Spuit een dotje vulling op de ene schelp van de macaron en dek af met de andere schelp. Geef je uiltjes elk nog twee wimpertjes langs beide kanten met de zwarte voedingsstift.

BEREN

MACARONS: 1 x basisrecept - bruine gelkleurstof - zwarte en roze suikerparels - kleine roze suikerhartjes

VULLING: 75 g minimarshmallows - 30 ml heet water - 25 g ongezouten boter - 140 g witte chocolade - 180 ml room (40 %) - frambozen (vers of diepvries)

MACARONS:

Cutter het amandelpoeder en de bloemsuiker samen fijn en zeef het daarna. Klop het eiwit goed stevig op met de fijne kristalsuiker tot een mooie dikke glanzende massa. Klop er dan ook kort de bruine kleurstof door. Voeg het amandel-suikermengsel bij het opgeklopte eiwit en macaroneer (zie basisrecept). Vul een spuitzak met een rond spuitmondje en spuit rondjes op een bakplaat bekleed met bakpapier. Schep ook nog een beetje beslag in een andere spuitzak en knip een klein stukje af. Spuit hiermee twee bolletjes als oortjes en een dotje in het midden als snoetje. Gebruik twee zwarte suikerparels als oogjes en een roze als neusje. Leg op beide oortjes telkens een roze suikerhartje. Laat rusten en bak ze dan af in een voorverwarmde oven op 140 °C gedurende 15 minuten.

VULLING:

Doe de minimarshmallows, het heet water en de boter in een steelpannetje en laat op een laag vuur en al roerend smelten. Voeg er de witte chocolade aan toe en roer verder tot een gladde crème. Laat afkoelen en klop intussen de room halfvast op. Voeg er dan het chocolademengsel aan toe en meng. Giet de vulling in een spuitzak en laat afkoelen in de koelkast.

AFWERKING:

Spuit een dotje vulling op de ene schelp van de macaron en duw een framboos in het midden, dek af met de andere schelp.

05/ dieren

POEZEN

MACARONS: 1 x basisrecept
VULLING: 90 g ongezouten boter - 20 g bloemsuiker - 90 g mascarpone - 70 g witte chocolade - fijngemalen koekjeskruim
AFWERKING: zwarte en bruine suikerpasta - zwarte voedingsstift

MACARONS:

Cutter het amandelpoeder en de bloemsuiker samen fijn en zeef het daarna. Klop het eiwit goed stevig op met de fijne kristalsuiker tot een mooie dikke glanzende massa. Voeg het amandel-suikermengsel bij het opgeklopte eiwit en macaroneer (zie basisrecept). Vul een spuitzak met een rond spuitmondje en spuit rondjes op een bakplaat bekleed met bakpapier. Schep ook nog een beetje beslag in een andere spuitzak en knip een klein stukje af. Spuit hiermee twee driehoekjes als oortjes. Laat rusten en bak ze dan af in een voorverwarmde oven op 140 °C gedurende 15 minuten.

VULLING:

Klop de boter met de suiker wit en luchtig, voeg hier de mascarpone aan toe en klop glad. Voeg er dan de gesmolten witte chocolade aan toe en meng goed. Spatel tot slot de koekjeskruim erdoor. Schep de vulling in een spuitzak en laat stollen in de koelkast.

AFWERKING:

Spuit een dotje vulling op de ene schelp van de macaron en dek af met de andere schelp.
Maak uit de zwarte suikerpasta oogjes en uit de bruine suikerpasta een neusje. Werk de poesjes verder af met de zwarte voedingsstift.

VARKENTJES

MACARONS: basisrecept - roze gelkleurstof - kleine roze suikerparels - roze suikerhartjes
zwarte suikerparels
VULLING: 125 g ongezouten boter - 30 g bloemsuiker - 125 g banketbakkersroom -
cuberdonsaus naar smaak
AFWERKING: eventueel cuberdons - paarse suikerpasta - paarse suikerpareltjes -
zwarte voedingsstift

MACARONS:
Cutter het amandelpoeder en de bloemsuiker samen fijn en zeef het daarna. Klop het eiwit goed stevig op met de fijne kristalsuiker tot een mooie dikke glanzende massa. Klop er dan ook kort de roze kleurstof door. Voeg het amandel-suikermengsel bij het opgeklopte eiwit en macaroneer (zie basisrecept). Vul een spuitzak met een rond spuitmondje en spuit rondjes op een bakplaat bekleed met bakpapier. Schep ook nog een beetje beslag in een andere spuitzak en knip er een klein stukje af. Spuit hiermee op de helft van de macarons een snuitje waar je twee kleine roze suikerpareltjes in legt. Leg twee roze suikerhartjes als oortjes en twee zwarte suikerpareltjes als oogjes. Spuit op de andere helft van de macaron een staartje. Laat rusten en bak ze dan af in een voorverwarmde oven op 140 °C gedurende 15 minuten.

VULLING:
Klop de zachte boter samen met de bloemsuiker wit en luchtig. Voeg dan de banketbakkersroom erbij en klop tot een gladde crème. Voeg er als laatste de cuberdonsaus aan toe naar smaak en klop nog eens goed door.

AFWERKING:
Spuit een dotje vulling op de ene schelp van de macaron en dek af met de andere schelp. Leg eventueel wat kleine stukjes cuberdon in het midden. Maak van de paarse suikerpasta een strikje en leg een paars suikerpareltje in het midden. Werk je varkentje af met sproetjes.

KIKKERS

MACARONS: 1 x basisrecept - groene gelkleurstof
VULLING: 20 g verse muntblaadjes - 50 ml water - 20 g fijne suiker - 75 g pure chocolade
AFWERKING: zwarte en witte suikerpasta - zwarte voedingsstift

MACARONS:
Cutter het amandelpoeder en de bloemsuiker samen fijn en zeef het daarna.
Klop het eiwit goed stevig op met de fijne kristalsuiker tot een mooie dikke glanzende massa. Klop er dan ook kort de groene kleurstof door. Voeg het amandel-suikermengsel bij het opgeklopte eiwit en macaroneer (zie basisrecept). Vul een spuitzak met een rond spuitmondje en spuit rondjes op een bakplaat bekleed met bakpapier. Schep ook nog een beetje beslag in een andere spuitzak en knip een klein stukje af. Spuit hiermee twee bolletjes voor de oogjes. Laat rusten en bak ze dan af in een voorverwarmde oven op 140 °C gedurende 15 minuten.

VULLING:
Doe de muntblaadjes in een steelpannetje samen met het water en de suiker. Breng langzaam aan de kook zodat de suiker smelt en laat eventjes goed doorkoken. Haal van het vuur en laat de munt minstens 1 uur trekken. Doe de chocolade in een kom en breng de muntsiroop opnieuw aan de kook. Giet de warme muntsiroop door een zeef op de chocolade en roer tot je gladde crème hebt. Doe de vulling in een spuitzak en laat afkoelen in de koelkast.

AFWERKING:
Spuit een dotje vulling op de ene schelp van de macaron en dek af met de andere schelp. Maak de oogjes van de witte en zwarte suikerpasta en geef je kikkertjes een lachend mondje met de zwarte voedingsstift.

LIEVEHEERS-BEESTJES

MACARONS: 1 x basisrecept - zwarte en rode gelkleurstof - witte en zwarte suikerparels - suikerhartjes
VULLING: 1 eiwit - 1 theelepel suiker - 250 ml room (40%) - 120 g bloemsuiker - 125 ml aardbeienpuree
AFWERKING: zwarte voedingsstift

MACARONS:

Cutter het amandelpoeder en de bloemsuiker samen fijn en zeef het daarna. Klop het eiwit goed stevig op met de fijne kristalsuiker tot een mooie dikke glanzende massa. Voeg het amandel-suikermengsel bij het opgeklopte eiwit en meng zachtjes tot het amandel-suikermengsel is opgenomen door het eiwit. Hier is het belangrijk dat je zeker nog niet gaat macaroneren. Schep een beetje van het dikke mengsel uit in een ander roestvrijstalen kommetje, voeg er de zwarte kleurstof bij en macaroneer. Vul een spuitzak met dit beslag en knip er een klein stukje af. Voeg aan de rest van het beslag de rode kleurstof toe en macaroneer. Vul een spuitzak met een spuitmondje met het rode beslag en spuit rondjes op een bakplaat bekleed met bakpapier. Spuit met het zwarte beslag een klein dotje als hoofdje. Leg twee witte suikerparels als oogjes en stop twee kleine suikerhartjes in het hoofdje als oortjes. Geef je lieveheersbeestje stippen met de zwarte suikerparels. Laat rusten en bak ze dan af in een voorverwarmde oven op 140 °C gedurende 15 minuten.

VULLING:

Klop het eiwit met de suiker tot een stevig schuim. Klop de slagroom met de bloemsuiker stijf en spatel het eiwitschuim erdoor, gevolgd door de aardbeienpuree. Giet in een spuitzak en laat opstijven in de koelkast.

AFWERKING:

Spuit een dotje vulling op de ene schelp van de macaron en dek af met de andere schelp. Trek met de zwarte voedingsstift een streepje op de rug en teken twee kleine zwarte stipjes in de oogjes.

PANDABEREN

MACARONS: 1 x basisrecept - zwarte gelkleurstof - zwarte suikerparels
VULLING: 100 g pure chocolade - 125 ml room (40%) - kleine stukjes witte chocolade
AFWERKING: stukjes witte chocolade

MACARONS:

Cutter het amandelpoeder en de bloemsuiker samen fijn en zeef het daarna. Klop het eiwit goed stevig op met de fijne kristalsuiker tot een mooie dikke glanzende massa. Voeg het amandel-suikermengsel bij het opgeklopte eiwit en meng zachtjes tot het amandel-suikermengsel is opgenomen door het eiwit. Hier is het belangrijk dat je zeker nog niet gaat macaroneren.
Schep dan een beetje van het dikke mengsel uit in een ander roestvrijstalen kommetje, voeg er de zwarte kleurstof bij en macaroneer. Vul een spuitzak met dit beslag en knip een klein stukje af. Macaroneer de rest van het witte beslag en vul hiermee een spuitzak met een spuitmondje. Spuit rondjes op een bakplaat bekleed met bakpapier. Met het zwarte beslag spuit je twee kleine dotjes als oortjes en twee oogjes. Leg een zwarte suikerparel als neusje. Spuit op de andere helft van de macarons een klein zwart dotje als het staartje van je pandabeertje. Laat rusten en bak ze dan af in een voorverwarmde oven op 140 °C gedurende 15 minuten.

VULLING:

Smelt de chocolade met 25 milliliter room al roerend in een steelpannetje. Klop de rest van de room stijf en spatel er de afgekoelde chocoladeroom door. Giet in een spuitzak en laat afkoelen.

AFWERKING:

Spuit een dotje vulling op de ene schelp van de macaron en strooi er wat stukjes witte chocolade op. Dek af met de andere schelp.

MET BIJZONDERE DANK AAN:

mijn man Willem en vier kinderen, Kylian, Yoran, Yara en Sienna. Dankjewel voor alle steun en voor het proeven van de vele macarons.
Katrien, dankjewel voor de mooie vormgeving, en Stefanie, bedankt voor de prachtige foto's.

WWW.LANNOO.COM

Registreer u op onze website en we sturen u regelmatig een nieuwsbrief met informatie over nieuwe boeken en met interessante, exclusieve aanbiedingen.

TEKST EN CREATIES: Lindsay Coutteau - www.myloveformacarons.be
FOTO'S: Stefanie Faveere en Shutterstock (postzegels p. 21: Rook76, p. 22 en 33: IgorGolovniov)
VORMGEVING EN STYLING: Katrien Van de Steene - Whitespray met dank aan Casa Deinze, Hema Deinze en www.par-terre.be voor het stylingmateriaal

Als u opmerkingen of vragen heeft, dan kunt u contact nemen met onze redactie: redactielifestyle@lannoo.com

© Uitgeverij Lannoo nv, Tielt, 2013
D/2013/45/159 - NUR 440
ISBN: 978 94 014 0770 0

Alle rechten voorbehouden. Niets uit deze uitgave mag worden verveelvoudigd, opgeslagen in een geautomatiseerd gegevensbestand en/of openbaar gemaakt in enige vorm of op enige wijze, hetzij elektronisch, mechanisch of op enige andere manier zonder voorafgaande schriftelijke toestemming van de uitgever.